Sabine Roch

Traumfänger

aus Perlen, Reifen, Bändern und Federn

frechverlag

Zum kreativen Gestalten sind beim frechverlag viele weitere Bücher erschienen. Hier eine kleine Auswahl:

TOPP 2771

TOPP 2601

TOPP 2577

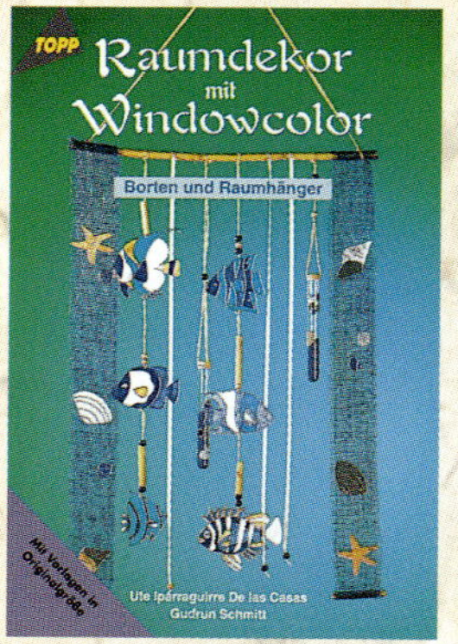

TOPP 2586

TOPP 2763

TOPP 2758

Fotos: frechverlag GmbH + Co. Druck KG, 70499 Stuttgart;
Fotostudio Ullrich & Co., Renningen

Auflage: 5. 4. 3. 2. 1. | Letzte Zahlen
Jahr: 2005 2004 2003 2002 2001 | maßgebend

frechverlag GmbH + Co. Druck KG, 70499 Stuttgart

ISBN 3-7724-2784-7 · Best.-Nr. 2784

Druck: frechverlag GmbH + Co. Druck KG, 70499 Stuttgart

Die Bedeutung der Traumfänger ist immer gleich: Sie fangen die Träume auf, die durch die Luft fliegen, und sorgen dafür, dass nur die guten Träume den Weg in die Gedanken des Schlafenden finden. Schlechte Träume hingegen verfangen sich in dem Netz des Traumfängers, bis sie morgens vom Licht der Sonne ausgelöscht werden. Dieses Buch zeigt Ihnen, wie Sie wunderschöne Traumfänger selbst gestalten können und gibt Ihnen Anregungen, wie Sie Traumfänger mit Alltagsgegenständen wie Schachteln oder Glückwunschkarten kombinieren. Auch als individuelle Schmuckstücke sind die Traumfänger gut geeignet.
Lassen Sie sich vom Land der Träume inspirieren!

Ihre
Sabine Roch

Material

Grundsätzlich bleibt es natürlich Ihnen überlassen, wie Sie Ihren Traumfänger gestalten wollen: Ob in Knallbunt oder den schönsten Farben der Natur, die Traumfänger sehen immer traumhaft aus. Die Grundmaterialien für einen Traumfänger sind:

- Unterschiedliche Perlen, mit denen die Traumfänger verziert werden. Sie können diese kaufen oder aber z.B. auch alte Perlenketten auseinander schneiden und diese Perlen für den Traumfänger verwenden. Wenn Sie einmal eine bestimmte Perlenart nicht bekommen, dann ersetzen Sie sie einfach durch eine andere.
- Reifen aus verschiedenen Materialien (z.B. Holz oder Metall) und in unterschiedlichen Größen.
- Verschiedene Bänder (z. B. Leder, Bast, Paketschnur), mit denen die Reifen umwickelt werden.
- Angelsehne, Perlonfaden, Zwirn oder Garn, um die Netze zu spannen
- Bunte Federn, Glöckchen, Metallteile, Bambusstäbe etc. zur Verzierung.

All diese Materialien können Sie in einem gut sortierten Bastelgeschäft kaufen. Als die Indianer früher Traumfänger anfertigten, gab es solche Geschäfte natürlich noch nicht. Sie verwendeten Sachen aus der Natur. Also: Augen auf beim nächsten Spaziergang! Vielleicht finden Sie ja ein paar Federn oder eine Gerte, die Sie für Ihren Traumfänger verwenden können?!

Außerdem benötigen Sie noch:

- Schere
- Nadel
- Klebstoff
- Kneifzange
- Lochzange

Das Grundprinzip der Traumfänger

Das Grundprinzip der Traumfänger ist immer gleich:

- 1. Umwickeln Sie den Reifen mit einem Band Ihrer Wahl (siehe Abbildung 1) und verknoten Sie die Enden fest miteinander. Schneiden Sie das restliche Bandstück für die Aufhängung auf die gewünschte Länge zurecht.
- 2. Knoten Sie das eine Ende des Garns, Zwirns oder der Angelsehne fest an eine beliebige Stelle des umwickelten Reifens und fädeln Sie das andere Ende auf eine Nadel. Nun führen Sie die Nadel von hinten nach vorne über den Reifen durch die Schlaufe, die sich dadurch gebildet hat (siehe Abbildung 2). Diesen Vorgang wiederholen Sie so oft, bis Sie ein Mal um den ganzen Reifen herum sind.
- 3. Wenn Sie wieder bei der ersten Schlaufe ankommen, stechen Sie mit der Nadel von vorne nach hinten durch diese hindurch (siehe Abbildung 3). Machen Sie auf diese Art und Weise so lange weiter, bis sich das Netz schließt.

Das Grundprinzip der Traumfänger

◆ 4. Arbeiten Sie währenddessen die Perlen ein (siehe Abbildung 4). Sie können die Perlen entweder lose auffädeln oder genau an einer bestimmten Stelle fixieren, indem Sie mit dem Garn eine Schlaufe in die Perle machen, bevor Sie zur nächsten Schlaufe im Netz übergehen. Wenn Sie wollen, können Sie mit den Perlen ein Muster bilden. Ein anderes Muster im Netz erhalten Sie, wenn Sie beim Auffädeln z.B. eine Schlaufe auslassen.

◆ 5. Zum Schluss, wenn das Netz geschlossen ist, muss das Garn-, Zwirn- oder Angelsehnenende fest verknotet werden.

Tipps:

Halten Sie das Garn, den Zwirn oder die Angelsehne während der ganzen Zeit immer schön straff. Nur so können Sie sicherstellen, dass sich das Netz nicht aus Versehen verknotet. Außerdem können Sie nur so gut erkennen, wo Sie die nächste Schlaufe machen müssen. Straff halten Sie das Garn am besten, indem Sie es zwischen die Finger der Hand klemmen, mit welcher Sie den Reifen festhalten. Ziehen Sie jedoch nicht zu fest, damit es nicht reißt.
Sollte die Angelsehne oder das Garn reißen oder nicht reichen, so können Sie ein neues Stück anknoten und ggf. versuchen, den Knoten mit einer Perle zu verdecken.

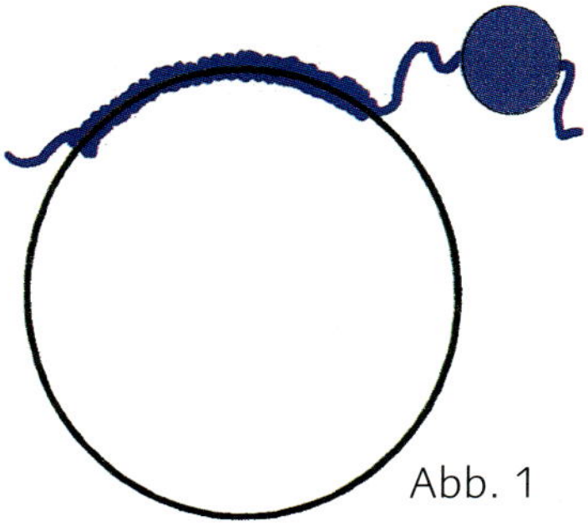

Abb. 1

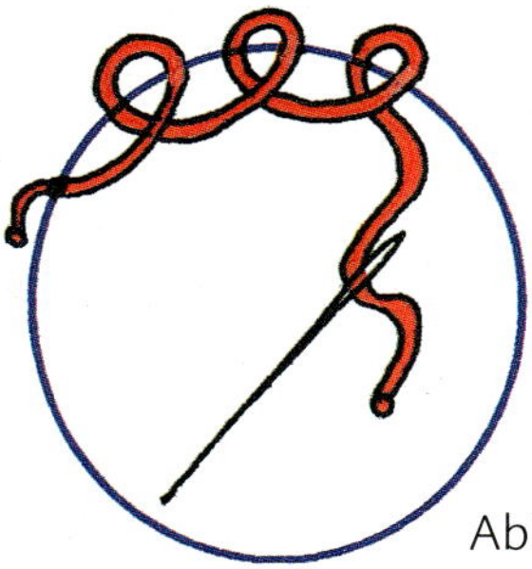

Abb. 2

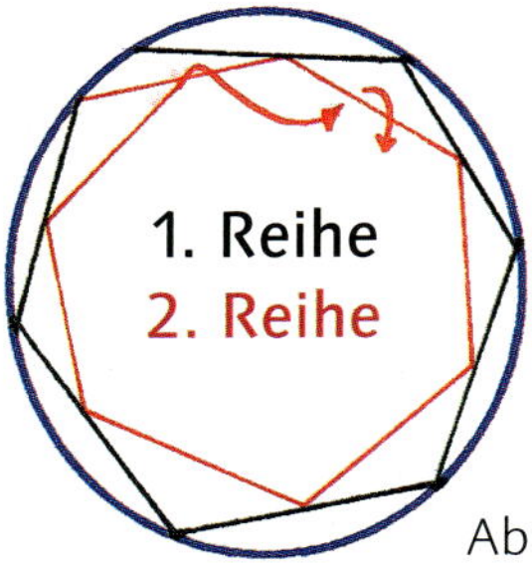

Abb. 3

Abb. 4

Mein erster Traumfänger

- 1 Reifen, ø 40 cm
- 6 Lederbänder in Schwarz, 1 m lang
- 2 Lederbänder in Grün, 1 m lang
- Garn in Grau
- 20 runde Holzperlen in unterschiedlichen Natur- und Brauntönen, ø 4 mm
- 14 runde Holzperlen in Creme, ø 6 mm
- 11 runde Holzperlen in Natur, ø 6 mm
- 9 runde Holzperlen in Hellbraun, ø 6 mm
- 9 runde Holzperlen in Mittelbraun, ø 6 mm
- 11 runde Holzperlen in Dunkelbraun, ø 6 mm
- 9 runde Holzperlen in Grün, ø 6 mm
- 2 runde Holzperlen in Creme, ø 8 mm
- 2 runde Holzperlen in Mittelgrün, ø 8 mm
- 3 runde Holzperlen in Dunkelgrün, ø 8 mm
- 9 Glöckchen
- 18 Federn

Umwickeln Sie den Reifen wie abgebildet mit einem grünen und 6 schwarzen Lederbändern, die Sie vorher aneinander geknotet haben, und spannen Sie mit dem Garn ein Netz hinein. Arbeiten Sie dabei die kleinen Perlen (ø 4 mm) mit ein. Eine große dunkelgrüne Perle kommt in die Mitte. Das übrige grüne Lederband wird die Aufhängung. Fädeln Sie dabei an jeder Seite 3 große Perlen (auf jeder Seite 1 x in Creme, 1 x in Mittelgrün und 1 x in Dunkelgrün) mit auf. Danach fangen Sie an, die Garnstücke für unten zu bestücken. Dazu benötigen Sie insgesamt 9 Garnstücke, je 2 mal 4 unterschiedlich lange Stücke und ein noch etwas längeres. An die Enden der Garnstücke binden Sie die Glöckchen. Darauf fädeln Sie jeweils 5 mittelgroße Perlen in unterschiedlichen Natur- und Brauntönen. Beginnen Sie dabei mit der dunkelsten Perle. Mit etwas Abstand fädeln Sie auf die Mitte jedes Garnstücks eine mittelgroße grüne und auf das obere Garnende eine mittelgroße Perle in Natur- oder Brauntönen auf. Machen Sie dabei einen Knoten unter die Perlen, damit sie nicht aufeinander rutschen, und stecken je eine Feder in die oberen und mittleren Perlen. Um die Garnstücke an dem Reifen zu befestigen, hängen Sie den Traumfänger am besten mit einem Nagel an die Wand. Beginnen Sie mit dem längsten Garnstück in der Mitte und arbeiten Sie sich nach beiden Seiten vor. Wenn Sie auf jeden Knoten etwas Klebstoff tupfen, können sich diese nicht so leicht wieder lösen.

Tipp:

Natürlich können Sie diesen Traumfänger auch in ganz anderen Farben gestalten. Zum Verschenken eignet sich z.B. ein Traumfänger in der jeweiligen Lieblingsfarbe des Beschenkten.

Doppelt hält besser!

Grüner Traumfänger
- 1 Reifen, ø 12 cm
- 1 Reifen, ø 20 cm
- Paketschnur
- Garn in Braun
- 7 runde Holzperlen in Creme, ø 4 mm
- 9 runde Holzperlen in Mittelgrün, ø 4 mm
- 5 runde Holzperlen in Dunkelgrün, ø 4 mm
- 1 runde Holzperle in Dunkelgrün, ø 7 mm
- 1 runde Holzperle in Mittelgrün, ø 10 mm
- 4 halbringförmige Holzperlen in Mittelgrün, ø 3,5 cm
- 2 große Federn in Grün
- 1 Glöckchen

Umwickeln Sie beide Reifen mit Paketschnur. Spannen Sie mit braunem Garn ein Netz in den kleinen Reifen. Fädeln Sie dabei in der zweiten Reihe auf jeder Seite wie abgebildet 5 kleine runde Holzperlen in eine Schlaufe. In die dritte Reihe kommen auf jede Seite 3 und in die vierte Reihe auf jede Seite eine Perle. Fixieren Sie die Perlen dabei an einer Stelle, indem Sie durch jede noch mal das Garn ziehen, bevor Sie zur nächsten Perle übergehen bzw. bevor Sie die nächste Schlaufe bilden. An dem großen Reifen befestigen Sie links und rechts mit Paketschnur jeweils eine halbringförmige Perle und eine Feder. 2 halbringförmige Perlen knoten Sie so zusammen, dass sie einen Kreis bilden. An diesen Kreis wird der kleine Reifen so gehängt, dass er sich drehen kann. Fädeln Sie die restlichen Perlen und das Glöckchen auf ein Garnstück und hängen Sie dieses unten an den großen Reifen. Mit der großen runden Holzperle verzieren Sie die Aufhängung.

Tandem
- 2 Reifen, ø 5 cm
- Paketschur
- Garn in Braun
- 10 Steinwalzen in Pink, ø 3 mm
- 9 Steinwalzen in Türkis, ø 3 mm
- 3 flache Steinwalzen in Türkis, ø 7 mm
- 3 splitterförmige Steinperlen in Türkis, ca. 2 cm lang
- 1 splitterförmige Steinperle in Pink, ca. 1 cm lang
- 1 kegelförmige Holzperle in Pink, ca. 5 cm lang
- 1 donatförmige Steinperle in Pink, ø 2 cm
- 3 Federn
- 1 Bambusstab, 23,5 cm lang

Umwickeln Sie beide Reifen mit Paketschnur und spannen Sie die Netze hinein. Arbeiten Sie dabei in ein Netz die türkisen und in das andere die pinkfarbenen Walzen mit ein. Knoten Sie beide Reifen aneinander und befestigen Sie jeweils seitlich ein Stück Paketschnur als Aufhängung. Verzieren Sie diese jeweils mit einer Feder und einer splitterförmigen Perle. Befestigen Sie den Traumfänger an dem Bambusstab und hängen Sie zum Schluss mit Garn die restlichen Perlen an den Traumfänger.

Tagebuch in schöner Schachtel

Tagebuch

- 1 Reifen, ø 10 cm
- Hanfschnur in Türkis
- Angelsehne in Schwarz
- 8 flache Steinwalzen in verschiedenen Blau- und Türkistönen, ø ca. 4 mm
- 2 runde Holzperlen in Dunkelblau, ø 5 mm
- 2 längliche, an den Seiten abgeflachte Holzperlen in Schwarz, 1,5 cm lang
- 2 dreieckige Holzperlen mit abgerundeten Seiten in Türkis, Seitenlänge ca. 2,5 cm
- 1 längliche Holzperle in Dunkelblau, ca. 4,2 cm lang
- 2 Stück feste Pappe, DIN A5
- 1 Bogen handgeschöpftes Papier, DIN A4
- ca. 90 Blatt Papier, verschiedene Farben und Arten, DIN A5
- 1 kleine Feder in Türkis

Beziehen Sie beide Pappstücke mit handgeschöpftem Papier. So erhalten Sie die Buchdeckel. Legen Sie das Papier zwischen die Buchdeckel und lassen Sie sich das Buch in einem Geschäft (z. B. in einem Kopiergeschäft) mit einer Spirale binden. Umwickeln Sie den Reifen mit türkisfarbener Hanfschnur und spannen Sie das Netz hinein. Arbeiten Sie dabei die flachen Steinwalzen mit ein. Befestigen Sie an der unteren Seite des Reifens 2 runde dunkelblaue und eine dreieckige Perle und am oberen Rand 2 längliche schwarze und die andere dreieckige Perle. Rechts binden Sie noch eine Schlaufe an, durch die der Verschluss gezogen werden kann. Nähen Sie den Traumfänger an 4 Stellen auf den Buchdeckel. Seitlich kleben Sie als Verzierung eine türkisfarbene Feder auf. Stanzen Sie in den Rücken des Buchs 2 Löcher und befestigen Sie daran die längliche dunkelblaue Perle als Verschluss.

Tipp:

Das Buch können Sie natürlich auch nach eigenen Vorstellungen entwerfen und zusammenstellen. Mit einer Schreibfeder und einem Fässchen Tinte ist es eine tolle Geschenkidee.

Schachtel

- 1 Metallreifen, ø 10 cm
- Hanfschnur in Braun
- Angelsehne in Schwarz
- 5 runde Holzperlen in Weinrot, ø 5 mm
- 11 zylinderförmige Holzperlen mit abgerundeten Ecken in Braun, ø 1,5 cm
- 4 flache Metallscheiben in Gold-Braun, ø 1,5 cm
- 2 sehr dünne Holzstäbe, 8 cm lang
- 7 Federn
- 1 Schachtel, ca. 17 cm x 20,5 cm x 3 cm
- Faserseide in Orange

Beziehen Sie die Schachtel mit Faserseide. Kneifen Sie den Reifen mit der Kneifzange durch und fädeln Sie abwechselnd 5 zylinderförmige Holzperlen und 4 flache Metallscheiben auf. Biegen Sie den Reifen wieder zusammen und schieben Sie eine Perle über die offene Stelle. Umwickeln Sie den restlichen Reifen mit der Hanfschnur und spannen Sie das

(Weiter auf Seite 12)

(Fortsetzung von Seite 10)
Netz hinein. Arbeiten Sie in der Mitte eine weinrote Holzperle mit ein. Kleben Sie den Reifen auf die Schachtel und stecken Sie oben 2 und seitlich eine Feder als Verzierung darunter. Fädeln Sie abwechselnd 3 zylinderförmige und 2 weinrote Holzperlen auf die dünnen Stäbe, stecken Sie seitlich jeweils eine Feder mit hinein und kleben Sie die beiden Stäbe untereinander unter den Reifen.

Die Eule

- 1 Reifen aus Bambusrohr, ø 20 cm
- Hanfschnur in Braun
- Garn in Braun
- 1 runde Holzperle in Dunkelgrün, ø 5 mm
- 1 runde Holzperle in Dunkelblau, ø 5 mm
- 4 runde Holzperlen in Braun, ø 5 mm
- 7 flache Steinwalzen in Türkis, ø 7 mm
- 2 gebrannte Tonwalzen in Braun, ø 7 mm
- 2 runde Holzperlen mit Maserung in Braun, ø 1,5 cm
- 2 flache Steinperlen mit drei Löchern, ø 1,5 cm
- 4 flache Steinperlen mit drei Löchern, ø 3 cm
- 1 kegelförmige Holzperle in Blau, ca. 4,5 cm lang
- 1 Glöckchen
- 2 Kettenstücken, ca. 11,5 cm lang
- 14 offene Metallringe, ø 1,5 cm
- Dünner Draht in Gold
- Viele Federn

Spannen Sie Ihr Netz in den Reifen. Beachten Sie dabei, dass das Loch in der Mitte so groß sein muss, dass die kegelförmige Perle für den Schnabel noch hinein passt. 6 von den flachen Steinwalzen in Türkis arbeiten Sie um den Schnabel herum in das Netz ein, die letzte hängen Sie zusammen mit dem Glöckchen an den Schnabel. Die dunkelgrüne und die dunkelblaue Perle arbeiten Sie oberhalb des Schnabels als Augen in das Netz ein. Biegen Sie 10 Metallringe leicht auseinander und befestigen Sie jeweils 2 Stück miteinander. Befestigen Sie diese 5 Doppelringe und 2 Einzelringe in folgender Reihenfolge am unteren Teil des Reifens: 2 Doppelringe, 1 Einzelring, 1 Doppelring, 1 Einzelring, 2 Doppelringe. Bestücken Sie die Ringe folgendermaßen: Die Doppelringe ganz links und ganz rechts außen mit den kleinen flachen Steinperlen und einem Federbüschel. Die folgenden beiden Doppelringe jeweils mit 2 kleinen und einer großen Holzperle in Braun, einer Tonwalze und einem Federbüschel, wobei die Perlen und die Federn mit dünnem Draht miteinander verbunden werden. An den Einzelringen wird jeweils ein Kettenstück befestigt, an dem unten eine große flache Steinperle mit einem Metallring angebracht wird. Der Doppelring in der Mitte bleibt frei. Befestigen Sie als Aufhängung oben am Reifen 2 der großen flachen Steinperlen mit brauner Hanfschnur. Zum Schluss drahten Sie noch ein paar Federn für die Augenbrauen zusammen und stecken diese in die „Augen"-Perlen.

Traumfänger in Weinrot

- 1 Reifen, ø 20 cm
- Paketschnur
- Garn in Braun
- 18 runde Holzperlen in Weinrot, ø 5 mm
- 17 runde Holzperlen in Rosa, ø 5 mm
- 4 Steinwalzen in Rosa, ø 5 mm
- 4 walzenförmige Holzknöpfe, mittig gelocht, ca. 3 cm lang
- 1 dreieckige flache Holzperle in Pink, Seitenlänge ca. 2,5 cm
- 4 längliche Holzperlen in Weinrot, an beiden Enden angespitzt, ca. 7 cm lang
- 3 Federn in Pink

Umwickeln Sie den Reifen mit der Paketschnur und spannen Sie das Netz hinein. Achten Sie darauf, dass Sie in der ersten Reihe unbedingt 14 Schlaufen bilden und dabei 14 weinrote Holzperlen mit auffädeln. Führen Sie den Faden dabei extra noch Mal durch jede Perle, um sie zu fixieren. In der siebten Reihe fädeln Sie 13 rosa Holzperlen mit auf. Schneiden Sie von dem Garn 4 ca. 20 cm lange Stücke ab und bestücken Sie diese jeweils mit einer länglichen weinroten Perle, einem Holzknopf, einer rosa Holzperle, einer rosa Steinwalze und einer weinroten Holzperle. Binden Sie die 4 Garnstücke mit gleichmäßigem Abstand unten an dem Reifen fest und bringen Sie an den beiden äußeren noch eine pinkfarbene Feder mit an. Dann fädeln Sie die dreieckige Perle auf ein Stück Paketschnur und bringen diese zusammen mit einer Feder oben am Traumfänger als Aufhängung an.

Schmuck aus Traumfängern

(Abbildung Seite 17)

Ohrringe

- 2 Reifen in Schwarz, ø 3 cm
- Angelsehne in Schwarz
- 4 flache Steinwalzen in Schwarz, ø 3 mm
- 2 flache Steinwalzen in Grün, ø 4 mm
- 2 runde Holzperlen in Schwarz, ø 4 mm
- 4 Glasstifte in Dunkelgrün schimmernd, 7 mm lang
- 1 Paar Ohrhaken in Silber
- 2 kurze und 2 lange Federn

Spannen Sie mit Angelsehne die Netze in die Reifen und arbeiten Sie in der Mitte jeweils eine runde schwarze Perle mit ein. Fädeln Sie für jeden Ohrring 2 schwarze und eine grüne Steinwalze auf ein kleines Stück Angelsehne, knoten Sie dieses oben an den Ohrring an und befestigen Sie die Ohrhaken daran. Knoten Sie unten an jeden Ohrring 2 Glasstifte und stecken Sie in deren Öffnung eine lange und eine kurze Feder. Zum besseren Halt kann man die Federn vorher mit ein wenig Klebstoff betupfen.

(Weiter auf Seite 16)

Schmuck aus Traumfängern

(Fortsetzung von Seite 14)

Halskette

- 1 Reifen in Schwarz, ø 3 cm
- Angelsehne in Schwarz
- 6 flache Steinwalzen in Schwarz, ø 5 mm
- 3 flache Steinwalzen in Dunkelblau, ø 5 mm
- 1 runde Holzperle in Dunkelbraun, ø 6 mm
- 1 Glasstift in Dunkelgrün schimmernd, 7 mm lang
- 2 längliche, an den Seiten abgeflachte Holzperlen in Schwarz, 1,5 cm lang
- 1 kurze und 1 lange Feder
- 1 Kettenverschluss in Silber

Spannen Sie das Netz in den Reifen und arbeiten Sie dabei in der Mitte die runde dunkelbraune Holzperle mit ein. Schneiden Sie aus der Angelsehne ein Stück in der Länge zu, die Sie für Ihren Halsumfang benötigen. Fädeln Sie dann die Perlen folgendermaßen auf die Angelsehne auf: Steinwalzen in der Reihenfolge schwarz, dunkelblau, schwarz, die beiden länglichen Holzperlen und wieder die Steinwalzen in der Reihenfolge schwarz, dunkelblau, schwarz. Befestigen Sie den Kettenverschluss an beiden Enden der Angelsehne. Knoten Sie ein kleines Stück Angelsehne an den Traumfänger und fädeln Sie darauf die restlichen Steinwalzen in der Reihenfolge schwarz, dunkelblau, schwarz. Knoten Sie den Traumfänger zwischen die beiden länglichen Perlen der Kette. Binden Sie den Glasstift an die Unterseite des Traumfängers und stecken Sie die Federn in seine Öffnung.

Armband

- 1 Reifen in Schwarz, ø 3 cm
- Angelsehne in Schwarz
- 4 Lederbänder in Schwarz, ca. 10 cm lang
- 1 runde Holzperle in Dunkelbraun, ø 6 mm
- 8 längliche, an den Seiten abgeflachte Holzperlen in Schwarz, 1,5 cm lang
- 1 Verschluss für Lederbänder

Spannen Sie das Netz in den Reifen und arbeiten Sie dabei in der Mitte die dunkelbraune Holzperle mit ein. Befestigen Sie die Lederbänder samt der länglichen Holzperlen an dem Reifen (siehe dazu die Abbildung) und verknoten Sie deren Enden gut. Befestigen Sie die Verschlussteile an den Enden der Lederbänder.

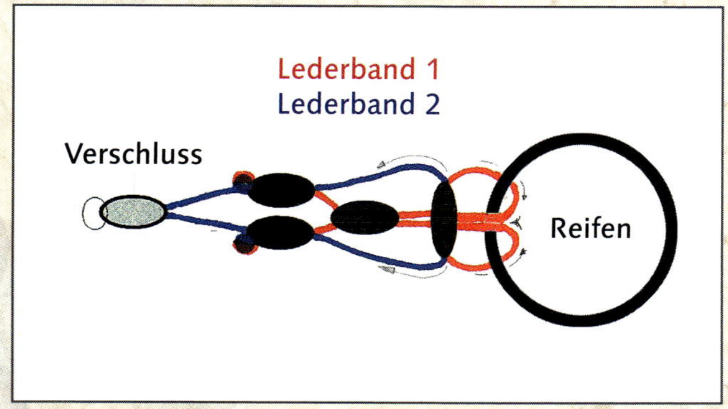

Glückwunschkarten mit Traumfängern

Grüne Glückwunschkarte

- 1 Reifen, ø 10 cm
- Hanfschnur in Pink
- Angelsehne in Schwarz
- 2 flache Holzperlen in Pink, ø 7 mm
- 2 quadratische, flache Holzperlen in Pink, 3 cm x 3 cm
- 3 halbkreisförmige Holzperlen in Pink, zweifach gelocht, ø 2,5 cm
- 1 kegelförmige Holzperle in Pink, ca. 4,5 cm lang
- Fotokarton in Grün, 35 cm x 25 cm
- 7 kleine getupfte Federn in Pink
- 1 sehr dünner Holzstab, 11 cm lang

Falten Sie den Fotokarton in der Mitte zusammen, sodass eine Karte entsteht. Umwickeln Sie den Reifen mit pinkfarbener Hanfschnur und spannen Sie das Netz hinein. In der Mitte befestigen Sie die kegelförmige Perle senkrecht nach unten. Kleben Sie den Reifen mittig auf die Karte. Die beiden quadratischen Perlen kleben Sie oberhalb des Traumfängers auf die Karte. An die rechte und linke Seite des Traumfängers kleben Sie jeweils eine mit einer Feder bestückte flache Perle. Unterhalb des Traumfängers kleben Sie zwei halbkreisförmige Perlen mit der flachen Seite nach unten auf und mittig dazwischen, aber nach unten versetzt, die dritte. Achtung: Die unteren Löcher der beiden oben sitzenden Perlen müssen deckungsgleich mit dem oberen Loch der unten sitzenden Perle sein, damit der Holzstab durch alle 3 Löcher der Perlen geschoben werden kann! Verzieren Sie zum Schluss alle Perlen mit den Federn.

Naturfarbene Glückwunschkarte

- 2 Reifen, ø 6 cm
- Hanfschnur in Rot
- Angelsehne in Schwarz
- 4 runde Holzperlen in Rot, ø 8 mm
- 2 runde Holzperlen in Schwarz, ø 8 mm
- 2 quadratische, flache Holzperlen in Schwarz, 3 cm x 3 cm
- 2 längliche, an den Seiten abgeflachte Holzperlen in Schwarz, 1,5 cm lang
- 1 Bogen handgeschöpftes Naturpapier mit Noppen, 30 cm x 30 cm
- 3 offene Metallringe, ø 1 cm
- 2 Federn in Rot
- 2 sehr dünne Holzstäbe, 8,5 cm lang

Umwickeln Sie beide Reifen mit roter Hanfschnur, spannen Sie die Netze hinein und arbeiten Sie dabei in jedes eine runde schwarze Holzperle mit ein. Verbinden Sie beide Reifen mit den Metallringen. Falten Sie das Naturpapier zu einer Karte und kleben Sie die Reifen mittig darauf. Auf die beiden Stäbe fädeln Sie jeweils eine längliche schwarze Perle, eine rote runde, eine quadratische und wieder eine rote runde Perle. Kleben Sie beide Stäbe links und rechts neben die Reifen und verzieren Sie die Karte anschließend mit den beiden Federn.

Klangspiele aus Traumfängern

Großes Klangspiel
- 1 Reifen, ø 25 cm
- 1 Quadrat, 30 cm x 30 cm
- Hanfschnur in Grün und Rot
- Garn in Rot
- 8 runde Holzperlen in Rot, ø 5 mm
- 4 runde Holzperlen in Grün, ø 5 mm
- 4 zylinderförmige Holzperlen mit abgerundeten Ecken in Braun, ø 1,5 cm
- 4 Keramikwalzen mit indianischem Muster, 2 cm lang
- 1 rechteckige Holzperle in Hellbraun, zweifach gelocht, 3 cm x 1,5 cm
- 1 walzenförmiger Holzknopf, mittig gelocht, 2,5 cm lang
- 4 Bambusstäbe in Grün, 20 cm lang
- 1 kleine Messingschelle

Umwickeln Sie den Reifen mit roter und das Quadrat wie abgebildet mit roter und grüner Hanfschnur. Spannen Sie das Netz in den Reifen und arbeiten Sie dabei in der Mitte die rechteckige hellbraune und 4 rote Perlen mit ein. Knoten Sie ein Stück Garn an dem Quadrat fest, legen Sie den Reifen mittig in das Quadrat und umwickeln Sie beides mit dem Garn, um den Reifen fest mit dem Quadrat zu verbinden. Knoten Sie ein Stück grüne Hanfschnur zusammen mit 2 zylinderförmige Holzperlen links und rechts oben als Aufhängung an. Knoten Sie die beiden Schnurstücke in der Mitte noch einmal so zusammen, dass eine Schlaufe entsteht. Fädeln Sie den Holzknopf auf die Schlaufe auf und machen Sie darüber einen Knoten. Die Bambusstäbe werden oben mit einer Nadel durchbohrt und jeweils zusammen mit 2 Perlen (2 Bambusstäbe mit je 2 grünen und 2 mit je 2 roten Perlen) unten an dem Quadrat befestigt. Fädeln Sie auf 2 Stück grüne Hanfschnur jeweils 2 Keramikwalzen. Machen Sie dabei unter jede Walze einen Knoten, damit sie nicht aufeinander rutschen können. An einem etwas längeren Stück Hanfschnur befestigen Sie die beiden zylinderförmigen Holzperlen und die Messingschelle. Knoten Sie die Hanfschnüre wie abgebildet zwischen die Bambusstäbe.

Kleines Klangspiel
- 1 Metallreifen, ø 10 cm
- Angelsehne in Schwarz
- 6 flache Holzperlen in Rot, ø 5 mm
- 2 runde Holzperlen in Rot, ø 6 mm
- 3 längliche, an den Seiten abgeflachte Holzperlen in Schwarz, 1,5 cm lang
- 1 große, flache, leicht ovale Holzperle in Schwarz, zweifach gelocht, ca. 3,5 cm lang
- 2 offene Metallringe, ø 1 cm
- 3 Metallstäbe, oben durchbohrt, 1 x 15 cm, 1 x 17 cm, 1 x 21 cm lang
- 1 dickes Büschel Federn in Weinrot

Spannen Sie das Netz in den Reifen und arbeiten Sie in der Mitte 2 flache rote und eine längliche schwarze Perle mit ein. Als Aufhängung dient die

(Weiter auf Seite 22)

(Fortsetzung von Seite 20)
leicht ovale Perle, die Sie zusammen mit 2 flachen roten Perlen oben am Traumfänger befestigen. Links und rechts am Traumfänger befestigen Sie mit einem Kettenglied je eine rote runde Perle. An den unteren Rand binden Sie das Federbüschel, zusammen mit 2 flachen roten und 2 länglichen schwarzen Perlen. Dahinter knoten Sie mit unterschiedlich langen Fäden die Metallstäbe an.

Blauer Traumfänger

- 1 Reifen, ø 20 cm
- Paketschnur
- Garn in Blau
- 19 runde Holzperlen in Hellblau, ø 5 mm
- 18 runde Holzperlen in Mittelblau, ø 5 mm
- 18 runde Holzperlen in Dunkelblau, ø 5 mm
- 5 runde Holzperlen in Hellblau, ø 7 mm
- 3 runde Holzperlen in Himmelblau, ø 7 mm
- 3 runde Holzperlen in Mittelblau, ø 7 mm
- 3 runde Holzperlen in Dunkelblau, ø 7 mm
- 4 lange Federn in Naturtönen
- 5 blaue Federn

Umwickeln Sie den Reifen mit Paketschnur und spannen Sie Ihr Netz hinein. In der zweiten Reihe arbeiten Sie 3 kleine dunkelblaue Perlen ein. In der übernächsten Reihe arbeiten Sie leicht versetzt 3 kleine mittelblaue Perlen ein. In die Mitte kommen 4 kleine hellblaue Perlen. Schneiden Sie von der Schur 3 ca. 11 cm lange Stücke ab. Machen Sie an das Ende jedes Stücks einen Knoten und fädeln Sie dann jeweils erst eine dunkel-, dann eine mittel- und zum Schluss eine hellblaue kleine Holzperle auf. Machen Sie einen Knoten und fädeln Sie wieder 3 Perlen auf, dieses Mal von hell- über mittel- nach dunkelblau. Darauf folgt bei 2 Schnurstücken im Abstand von ca. 4 cm ein weiterer Knoten, über den wieder 3 Perlen von hell- bis dunkelblau aufgefädelt werden. Beim letzten Schnurstück lassen Sie den Abstand in der Mitte ein bisschen länger. Binden Sie die beiden Stücke mit dem kürzeren Abstand links und rechts an den Traumfänger und das Stück mit dem längeren Abstand in die Mitte. Hängen Sie dazwischen 2 kurze Schurstücke, auf die ebenfalls 3 Perlen aufgefädelt wurden. Links und rechts an den Seiten befestigen Sie jeweils 2 kurze Schnurstücke, auf die kleine Perlen von dunkel- bis hellblau und eine große hellblaue Perle aufgefädelt worden sind. Für die Aufhängung benötigen Sie ebenfalls Paketschnur, die Sie wie abgebildet mit den großen Perlen verzieren.

Geschenkschachteln mit Traumfängern

Grüne Geschenkschachtel

- 1 Reifen, ø 15 cm
- Dünner Pfeifenputzerdraht von der Rolle in Gelb
- Garn in Grün
- 14 runde Holzperlen in Dunkelgrün, ø 4 mm
- 7 runde Holzperlen in Mittelgrün, ø 4 mm
- 1 runde Holzperle in Mittelgrün, ø 8 mm
- 1 runde Holzperle in Gelb, ø 1 cm
- 1 Pappschachtel, 21,5 cm x 26 cm x 4 cm
- Faserseide in Dunkelgrün und Weiß
- 2 Federn in Gelb
- 3 gepunktete Federn in Gelb-Schwarz
- 2 gepunktete Federn in Grün-Schwarz

Bekleben Sie die Pappschachtel mit grüner Faserseide. Umwickeln Sie den Reifen mit Pfeifenputzerdraht und spannen Sie Ihr Netz hinein. In der Mitte arbeiten Sie die gelbe Holzperle mit ein. Knoten Sie die Aufhängung an. Verzieren Sie dabei jede Seite mit 2 dunkel- und einer mittelgrünen Perle. Auf die Schlaufe der Aufhängung wird die große mittelgrüne Perle aufgezogen. Knoten Sie links und rechts am Traumfänger 2 dunkel- und eine mittelgrüne Perle an und verzieren Sie diese mit einer grün-schwarz gepunkteten Feder. Unten am Traumfänger befestigen Sie 2 gleich lange und ein etwas längeres Stück Pfeifenputzerdraht, auf die Sie 2 dunkel- und eine mittelgrüne Perle auffädeln. Stecken Sie in die Perlenöffnungen gelb-schwarz gepunktete Federn und kleben Sie die beiden gelben Federn auf den Reifen. Kleben Sie ausgerissene weiße Faserseide auf die Schachtel und nähen Sie den Traumfänger auf.

Tipp:

Wenn Sie den Traumfänger auf die Schachtel nähen, können Sie ihn später ablösen und aufhängen.

Runde Geschenkschachtel in Blau

- 1 Bambusreifen, ø 15 cm
- Angelsehne in Schwarz
- 1 runde Holzperle in Dunkelblau, ø 3 mm
- 2 runde Holzperlen in Hellblau, ø 7 mm
- 4 runde Holzperlen in Mittelblau, ø 7 mm
- 11 runde Holzperlen in Dunkelblau, ø 7 mm
- 1 halbkreisförmige Holzperle in Dunkelblau, ø 3,5 cm
- 1 runde Pappschachtel, ø 14,5 cm, 10 cm hoch
- 6 offene Metallringe, ø 1 cm
- Steinfarbe in Blau
- 1 Federkranz in Weiß, innerer ø 15 cm
- 2 Federn in Blau
- 1 Kreis aus Wellpappe, ø 21 cm
- Wolle in Weiß

Bemalen Sie die Schachtel mit Steinfarbe. Spannen Sie Ihr Netz in den Reifen, wobei Sie einen Kreis aus dunkelblauen großen Perlen und in der Mitte die beiden hellblauen und die kleine dunkelblaue Perle mit einarbeiten. Ca. 1 cm unterhalb des Schachtelrands lochen Sie 2 Löcher

(Weiter auf Seite 26)

(Fortsetzung von Seite 24)
mit etwas Abstand in die Schachtel und gegenüber 2 weitere Löcher. Verbinden Sie je 3 Metallringe miteinander und befestigen Sie damit – wie mit einem Scharnier – den Traumfänger an der Dose. Ziehen Sie durch die 2 gegenüberliegenden Löcher ein Stück Wollfaden und verknoten Sie ihn so, dass eine Schlaufe entsteht. Binden Sie direkt darüber die halbkreisförmige Perle und 2 mittelblaue Perlen als Verschlussknopf an den Reifen. Links und rechts am Traumfänger binden Sie eine mittelblaue Perle an und stecken als Verzierung eine blaue Feder hinein. Kleben Sie den Federkranz und die Schachtel auf die Wellpappe.

Tipp:

Diese Schachteln sind so schön, dass sie eigentlich schon selbst ein kleines Geschenk sind.

Traum in Pink

- 1 Reifen, ø 15 cm
- Paketschnur
- Garn in Braun
- 10 Steinwalzen in Pink, ø ca. 3 mm
- 7 runde Holzperlen in Weinrot, ø 4 mm
- 2 runde Holzperlen in Pink, ø 4 mm
- 4 Steinwalzen in Rosa, ø ca. 6 mm
- 4 Steinwalzen in Pink, ø ca. 6 mm
- 1 runde Holzperle in Pink, ø 1,5 cm
- 1 Holzlinse in Pink, ø 1,5 cm
- 1 splitterförmige Steinperle in Pink, ca. 2 cm lang
- 2 halbkreisförmige Holzperlen in Pink, zweifach gelocht, ø 3,5 cm
- 2 kegelförmige Holzperlen in Pink, zweifach gelocht, 4,5 cm lang
- 2 große Federn, 1 x in Schwarz, 1 x in Weiß

Umwickeln Sie den Reifen mit Paketschnur und spannen Sie Ihr Netz hinein. Bilden Sie dabei in der ersten Reihe genau 16 Schlaufen. In der vierten Reihe arbeiten Sie die kleinen Steinwalzen und 5 der Holzperlen in Weinrot wie abgebildet mit ein. In die Mitte kommt die splitterförmige Perle. Mit Paketschnur knoten Sie oben eine halbkreisförmige Perle als Aufhängung an. Links und recht am Traumfänger befestigen Sie die kegelförmigen Perlen mit der Spitze nach außen. In das Loch in der Spitze stecken Sie jeweils eine Feder, die Sie mithilfe einer aufgesteckten, weinroten Perle fixieren. Direkt unterhalb der kegelförmigen Perle knoten Sie jeweils noch eine runde Holzperle in Pink, eine pink- und eine rosafarbene Walze fest. Nehmen Sie ein 30 cm langes Stück Garn und legen Sie es doppelt. Machen Sie auf die Seite, auf der das Garn geschlossen ist, einen Knoten und fädeln Sie dann eine rosa- und eine pinkfarbene Walze, die Holzlinse und die große pinkfarbene Perle auf. Danach teilen Sie die Fäden und ziehen auf jeden noch eine Walze auf, die Sie mit einem Knoten fixieren. Danach fädeln Sie die zweite halbkreisförmige Perle auf und knoten die Verzierung unten an den Traumfänger an.

Hinweis:

Die verwendeten Steinwalzen wurden von Hand geschnitten, deshalb variiert der Durchmesser stark.

Traumfänger mit Lederbändern

- 1 Reifen, ø 10 cm
- 3 Lederbänder in Dunkelgrün, 1 m lang
- Paketschnur
- Garn in Braun
- 11 Steinwalzen in unterschiedlichen Farben, ø ca. 3 mm
- 1 runde Holzperle in Dunkelgrün, ø 4 mm
- 1 runde Holzperle in Natur, ø 4 mm
- 1 runde Holzperle in Dunkelgrün, ø 7 mm
- 1 runde Holzperle in Braun, ø 7 mm
- 1 Steinwalze in Braun, ø 7 mm
- 1 Steinwalze in Natur, ø 7 mm
- 1 ovale Holzperle in Grün, 1,5 cm lang
- 1 ovale Holzperle in Braun, 2 cm lang
- 1 dreieckige Holzperle in Grün, Seitenlänge ca. 1,5 cm
- 1 dreieckige Holzperle in Braun, Seitenlänge ca. 1,5 cm
- 2 scheibenförmige Holzperlen in Schwarz, ø 2 cm
- 1 halbkreisförmige Holzperle in Schwarz, zweifach gelocht, ø 3,5 cm
- 2 Glöckchen
- 2 Federn

Umwickeln Sie Teile des Reifens wie abgebildet mit 2 Lederbändern. Die Zwischenräume umwickeln Sie mit Paketschnur. Spannen Sie das Netz hinein und arbeiten Sie dabei die 11 kleinen Steinwalzen mit ein. Die Aufhängung besteht auf der einen Seite aus einem Lederband und auf der anderen aus Paketschnur, die oben miteinander verknotet werden. Fädeln Sie beide Bänder durch die halbkreisförmige Perle, fixieren Sie diese mit 2 Knoten und fädeln Sie dann auf das Lederband die braune und auf die Paketschnur die grüne ovale Perle auf. Knoten Sie die Aufhängung am Reifen fest. An der unteren Seite des Reifens befestigen Sie die beiden dreieckigen Perlen (farblich entgegengesetzt zu oben) mit einem langen Stück Garn, das Sie jeweils noch folgendermaßen bestücken: zuerst die kleinen runden Perlen, dann die großen Steinwalzen, die großen Holzperlen, die scheibenförmigen Perlen und die Glöckchen. Zum Schluss stecken Sie die beiden Federn in die Öffnungen der dreieckigen Perlen.

Traumfänger mit Tonperlen

- 1 Reifen, ø 15 cm
- Hanfschnur in Braun
- Angelsehne in Schwarz
- 1 flache Holzperle in Schwarz, ø 5 mm
- 2 runde Holzperlen in Dunkelbraun, ø 6 mm
- 2 Holzperlen mit abgerundeten Ecken in Dunkelbraun, ca. 1,5 cm x 2 cm
- 1 halbkreisförmige Holzperle in Schwarz, zweifach gelocht, ø 3,5 cm
- 1 ovale Tonperle mit peruanischem Muster, 2 cm lang
- 1 zylinderförmige Tonperle mit peruanischem Muster, 3 cm lang
- 4 Federn in Braun

Umwickeln Sie den Reifen mit Hanfschnur und spannen Sie das Netz hinein. Lassen Sie in der Mitte ein Loch frei, in dem Sie die zylinderförmige Tonperle befestigen. Für die Aufhängung schneiden Sie ein Stück Hanfschnur zurecht und nehmen es doppelt. Fädeln Sie die ovale Tonperle auf und fixieren Sie diese oben und unten mit einem Knoten. Befestigen Sie die Aufhängung am Traumfänger. Fädeln Sie die halbkreisförmige Perle auf ein Stück Angelsehne und knoten Sie es unten am Traumfänger, zusammen mit der schwarzen flachen Perle, fest. Stecken Sie die dunkelbraunen runden Holzperlen auf die Federkiele und die Federkiele in die beiden Öffnungen der halbkreisförmigen Perle. Verzieren Sie den Traumfänger zum Schluss noch mit den Perlen mit den abgerundeten Ecken, in die Sie ebenfalls Federn stecken.

Traumfänger zur Hochzeit

(Abbildung auf Seite 32)

- 1 Metallreifen in Weiß, ø 20 cm
- Wolle in Weiß
- Hanfschnur in Rot
- 7 runde Holzperlen in Rot, ø 6 mm
- 1 runde Holzperle in Creme, ø 6 mm
- 2 scheibenförmige Holzperlen in Rot, ø 1,5 cm
- 1 quadratische, flache Holzperle in Creme, 2 cm x 2 cm
- 4 Federn in Rot
- 3 Federn in Weiß

Spannen Sie mit Wolle ein Netz in den Reifen. Lassen Sie dabei in der Mitte ein etwas größeres Loch. Fädeln Sie die beiden scheibenförmigen roten Perlen und die cremefarbene runde Perle auf rote Hanfschnur und knoten Sie diese in das Loch in der Mitte. Befestigen Sie die roten Perlen mit Wolle in gleichmäßigem Abstand am unteren Rand des Traumfängers und stecken Sie die Federn in die Löcher der Perlen. Knoten Sie oben als Aufhängung ein Stück rote Hanfschnur an den Traumfänger und befestigen Sie die quadratische Perle daran.

Tipp:

Sie können den Traumfänger direkt an das Geschenk binden oder ihn als Verzierung auf eine mit Naturpapier beklebte Geschenkschachtel kleben.

Traumfänger zur Hochzeit

(Beschreibung Seite 30)